KB180061

JACK LONDON
잭 런던

Jack London - Arriver à bon port ou sombrer en essayant
© ÉDITIONS DU LOMBARD (DARGAUD-LOMBARD S.A.) 2017, by Koza
www.lelombard.com
All rights reserved

Korean translation copyright © [2019] Flight of Ideas Publishing Co.

This Korean translation is published by arrangement with Mediatoon Licensing through Greenbook Literary Agency.

이 책의 한국어판 저작권과 판권은 그린북저작권에이전시영미권을 통한 저작권자와의 독점 계약으로 생각비행에 있습니다.
저작권법에 의해 한국 내에서 보호를 받는 저작물이므로 무단 전재와 무단 복제, 전송, 배포 등을 금합니다.

잭 런던

초판 1쇄 인쇄 | 2019년 10월 25일
초판 1쇄 발행 | 2019년 10월 31일

글·그림 코자
채색 마야 미앵두
옮긴이 김미정
책임편집 조성우
편집 손성실
마케팅 이동준
디자인 권월화
용지 월드페이퍼
제작 성광인쇄㈜
펴낸곳 생각비행
등록일 2010년 3월 29일 | 등록번호 제2010-000092호
주소 서울시 마포구 월드컵북로 132, 402호
전화 02) 3141-0485
팩스 02) 3141-0486
이메일 ideas0419@hanmail.net
블로그 www.ideas0419.com

ⓒ 생각비행, 2019
ISBN 979-11-89576-41-7 03990

책값은 뒤표지에 적혀 있습니다.
잘못된 책은 구입하신 서점에서 바꾸어드립니다.

JACK LONDON

노동자이자 혁명가, 탐험가이자 소설가인
잭 런던의 세계일주

잭 런던

코자 글 · 그림
마야 미앵두 채색
김미정 옮김

생각비행

잭 런던은 전설적 인물이다.

그는 탐험가이자 방랑자, 광대한 지역을 여행한 소설가이자, 유럽과 미국 청소년들의 우상이었다. 이런 수식어가 틀리지 않지만 런던의 진정한 면모를 알려주기에는 충분하지 않다. 그의 책 《화이트 팽》(국내에 출간된 책 제목은 '화이트 팽'과 '하얀 엄니')을 월트 디즈니 픽처스가 〈늑대개〉라는 영화로 만든 데다 수많은 그의 저작이 청소년 시리즈로 소개된 탓에, 런던이 당대에 트로츠키가 경의를 표한 혁명주의자 작가이며, 레닌이 죽는 순간까지 그의 책을 읽었다는 것, 무솔리니의 파시스트 체제 하에서 그의 책이 금서였다는 사실이 가려진 면이 있다.

샌프란시스코 출신인 런던은 두 차례나 미국 사회당 후보로 출마했으며, 멕시코 봉기를 지지했다. 그는 인간의 역사란 어떠해야 하는지 끊임없이 상기시킨 인물로서 사회·경제적 특권이 사라질 때까지 계급투쟁의 역사에 남을 것이다. 1903년 출간한 《밑바닥 사람들》은 상위 1퍼센트의 특권층만을 위한 시대 흐름에 대항하여 써내려간 계급투쟁의 역사이다. "열혈 투사였던 런던은 국가의 타락을 고발했고, 혁명을 촉구했으며, 부패한 정부 권력을 탈환하라며 민중에게 촉구하는 등 맹렬하게 논쟁에 참여했다."* 그의 전기는 런던의 삶이 당대 현실과 시사 문제를 담은 프로젝트였다고 회고한다. 이처럼 런던의 영웅적 면모에도 불구하고 … 민감한 문제가 있다. 그의 작품 가운데 많은 문장이 몇몇 민족에게 불쾌감을 준 사실은 시대 탓으로 돌리기엔 정당화할 수는 없는 노릇이다. 하지만 이 책은 1907년 4월부터 1909년 3월까지 런던이 아내와 함께한 여행으로 범선을 타고 항해한 자전적 기록이다. 이 여행에 대해 런던은 항상 품에 지니고 다니던 항해수첩에서 '꿈의 실현'이라고 털어놓기도 했다.

코자

---

* J. Lesieur, 《잭 런던》, 리브레토, 2012, pp.85-86

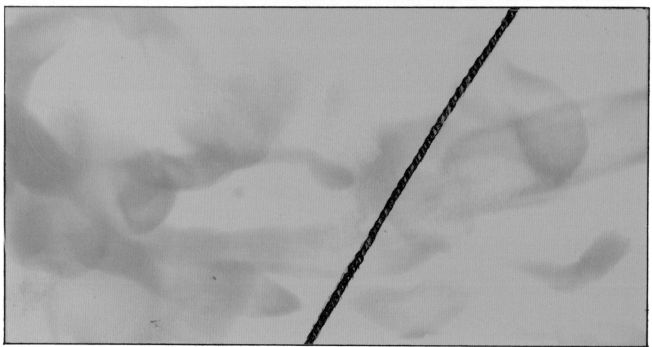

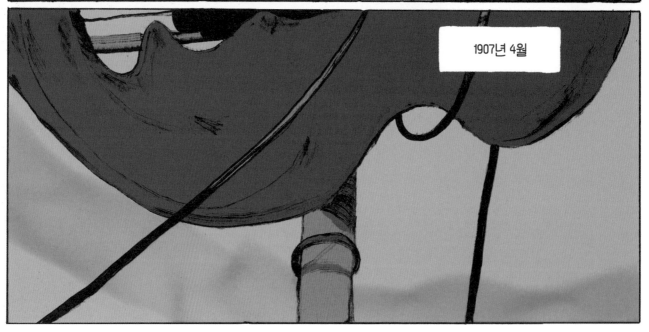

1907년 4월

문학사에서
저와 같은 인물은
없었습니다.

우리는
바다와 바람, 파도에
과감히 맞서며
세계를 일주할 것입니다!

런던 씨,
왜 그런 모험을
하기로…

런던 씨,
파산 소문이
들리던데요?

'스나크 호'라는
이름은 어떻게
지으셨습니까?

사회주의자
동지들이 당신을
인정하지 않았다는
말이 사실입니까?

런던 씨,
이쪽을 봐주세요,
런던 씨!

세계일주는
몇 년 정도
예상하십니까?

당신은
스나크 호
선장으로…

14

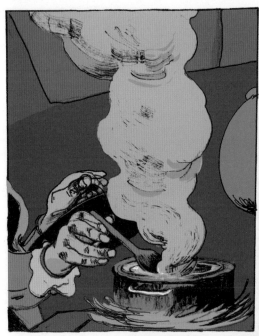

잭! 책 무더기를
다른 데 두라고
말했잖아!

수십 번!
그 말을 수십 번은
했을 거야!

그래, 미안해.
차미언. 다시는
안 그럴게!

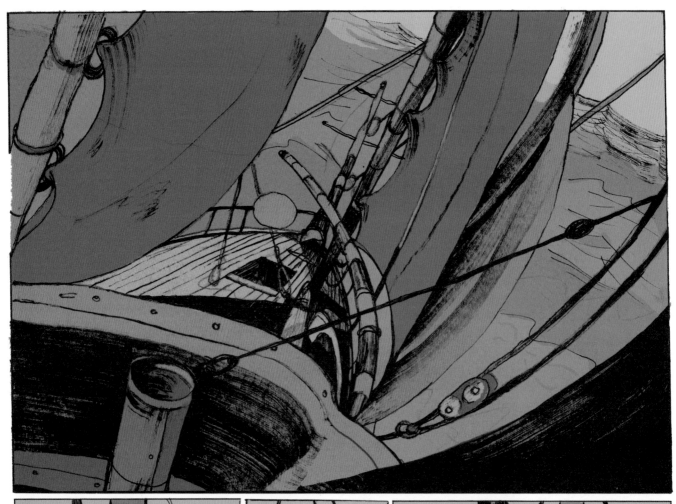

어서!
서두르세요!

저장고 곳곳에
물이 찼습니다!

제기랄!

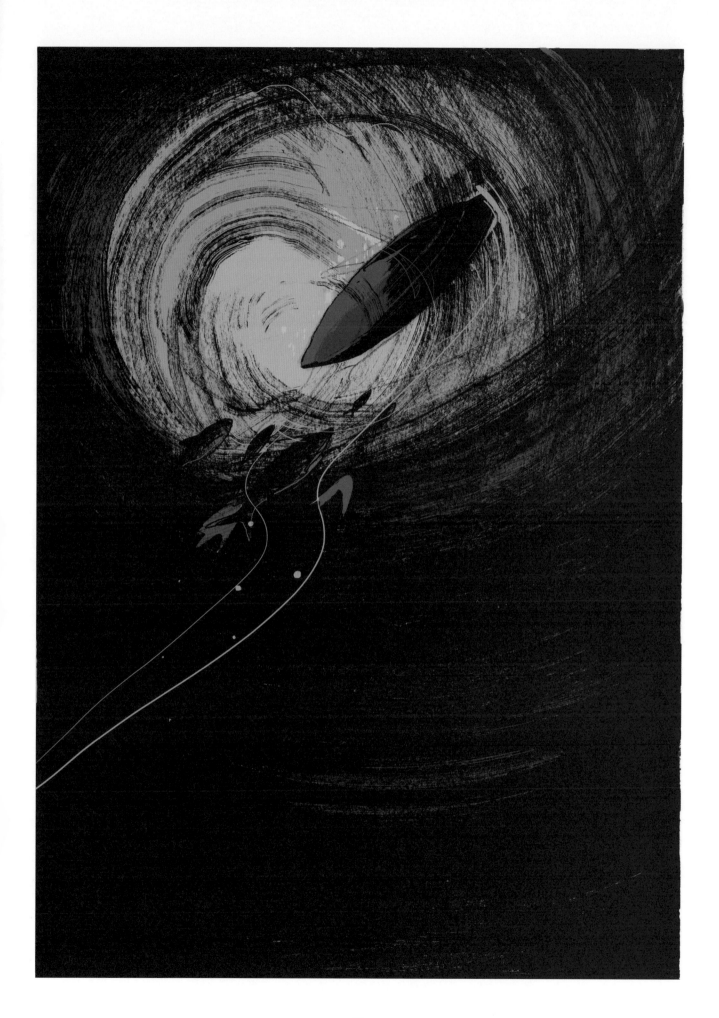

잭!

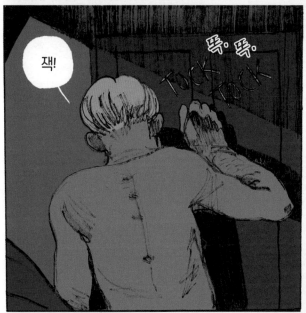

잭!

뚝. 뚝.
TOCK
TOCK

기름 냄새가 나서
잠을 깼어요!

허리까지
물이 찼다고요!

가보겠네.

오,
저길 봐!

내가 말했지!
그 새가 진짜 존재한다고!

러던 씨!

미국 신문들은
당신이 바다 한복판에서
실종되었다고
보도했던데요!

육지에 있다니
어리둥절해…

세상에,
정말 대단해
저들의 기술은…

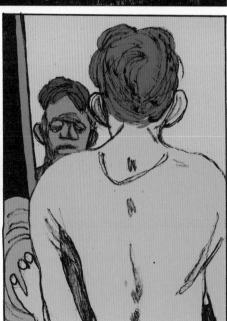

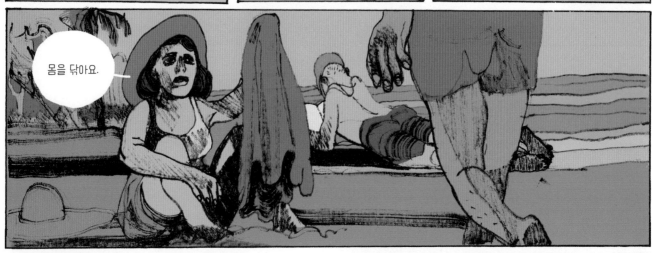

몸을 닦아요.

이 스포츠를
발명한 게
저들이잖아!

여기서 멀지 않은 몰로카이 섬에 나환자촌이 있어. 거길 살펴보고 싶어 ...

그곳에 대해 기사를 쓰려고?

굉장히 악명 높은 곳이야.

못할 게 뭐 있어?

이곳엔 800명의
나환자가 있습니다.
사람들이 말하듯이
'노인병원'은 아닙니다.

이랴,
달려!

그들의 얼굴은 창조주 하나님의 실패작 같았다.
광기에 사로잡혀 그들을 함부로 반죽한 후 분노에 찬 손가락으로
으깨어놓은 것처럼 보였다.

티켓 TICKET

40

백인들? 그들은
순한 양의 얼굴로
우리에게 부드럽게
말했다오.

우리가
수적으로 많았고
힘도 세서인지
그들은 감언이설을
늘어놓더군…

모든 섬이
다 우리 소유였으니까.

이런 침략은 두 종류요.
하나는 우리에게
신의 말씀을 전할 수 있도록
허락해달라는 것…

또 하나는
우리와 상거래를
하고 싶다는 것이었소.
그런 식으로 시작했지.

지금 모든 것은
그들 소유가 되었소.

신을 이야기한 사람들,
럼주를 판매한 사람들은
부를 늘려갔고. 현재는 가장 강력한
우두머리가 되었지.

그들은
신처럼 살고 있고,
대저택과 농장을
가지고 있소.

우리 인디언들이
배가 고프다고 하면
백인들은 말하지.
"일하면 되지!"

**"농장으로
가라고!"**

42

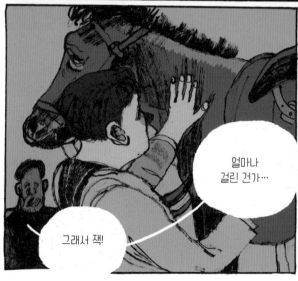

얼마나
걸린 건가…

그래서 잭!

샌프란시스코에서
배를 타고
여기까지 오는데?

정확히,
27일 걸렸어요.

47

그런 식으로
얼마나 오래 항해할
거라고 생각했습니까?

세계일주를 하며
7년을 보낸 셈이군…

결국 우리 정비공은
포기했지. 부모가 와서
으름장을 놓았어.

공부는 나이 들면
못 한다고 말이지!

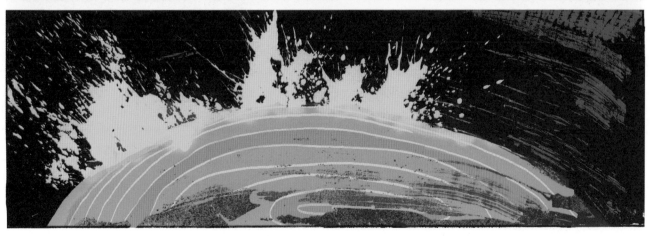

강연료는
지불하셔야 하고요…

스나크 호 선상에
수리할 곳들이 있습니다.

강연 제목은
정했어?

아니, 아직.
아무것도 떠오르지 않아.

어쩌면
주인공의 이름을
쓸 수도 있어.
"마틴 에덴"…

또 다른
당신의 자아야?

혁명가는 악과 불공평을
공격하며 해결하려 애쓰고,
엄정함을 전하는 사람입니다.
더 많은 권력을 쥔 이들은 인간의
자유만 영원히 부르짖겠지요!

모든 나라로부터,
모든 언어로,
모든 시대에 걸쳐
찬양해온 노래입니다.

자본가 계급 중
혁명의 도래를
목격한 자는
거의 없습니다.

그들은 대부분
너무 무지하며,
상당수가 두려움에
질려 있습니다.

자본가 계급은
규탄의 대상이었죠.

자본가 계급은 운영에 실패했으니 물러나야 합니다.

혁명이 지금 코앞에 도래했습니다.

할 수 있다면 강연을 멈추시오!

우우! 망신스럽다!

미국이 당신을 기억할 거요.

제가 바라는 바입니다. 주지사님!

주지사님 자리로 충분합니다!

내 목숨을 노리는 거요?

하, 저런!

드디어
다른 사람을 구했어!

아!
그럼 사람들한테
알려야겠네…

행운을 빌어…

뭐라고요?
농담하는 거죠?

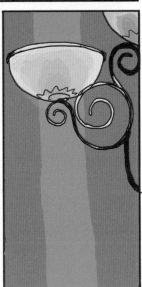

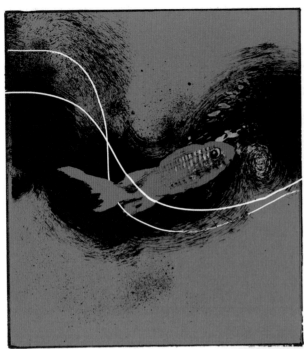

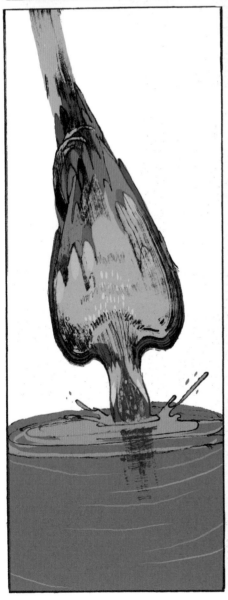
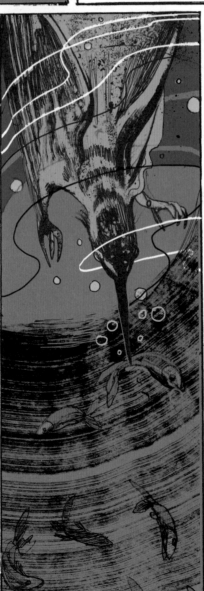

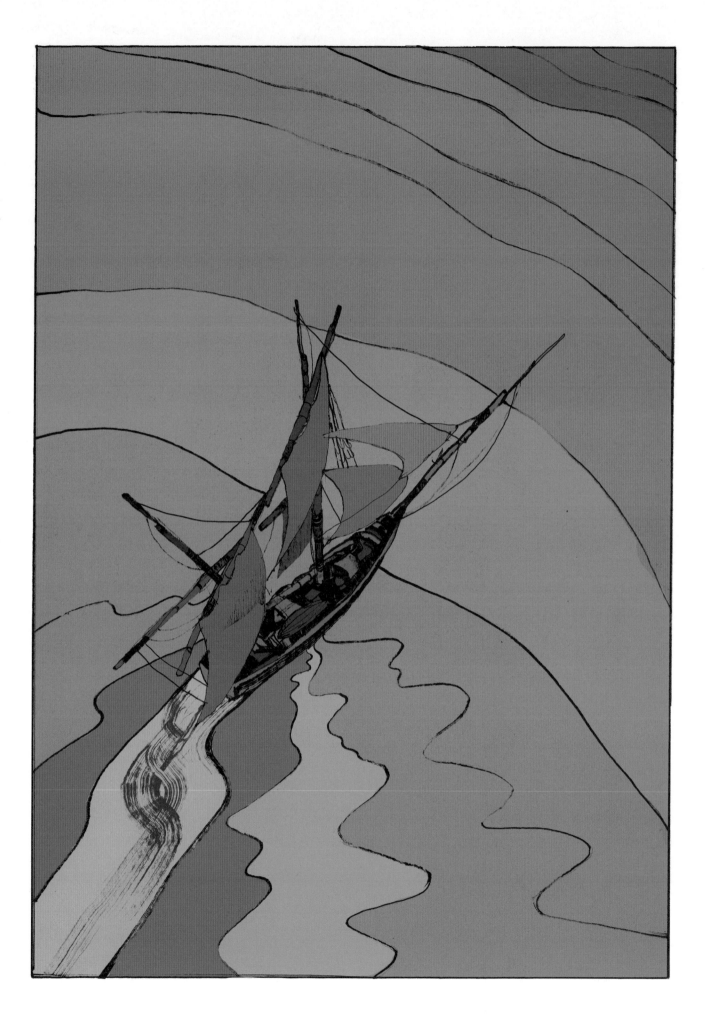

몇 주가 흘렀고 우리 눈앞에
하나의 우주가 펼쳐지고 있었다.
명백하게 알 수 있는 것이 하나도 없었다. …

거대하게 흐르는 바다 위, 조그마한 스나크 호에 7명의 영혼이 실려 있었다.

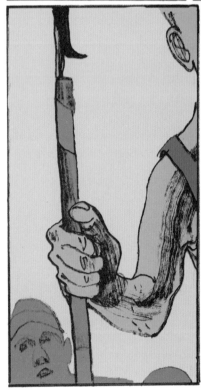

세계에 대한 우리의 기억,
문명화된 광대한 세계에 대한
기억은 마치…

항해를 떠나기 전 다른 존재로서 살던
그들의 꿈처럼 느껴졌다.

SWOOSH! 휘이잉

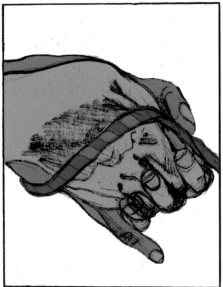

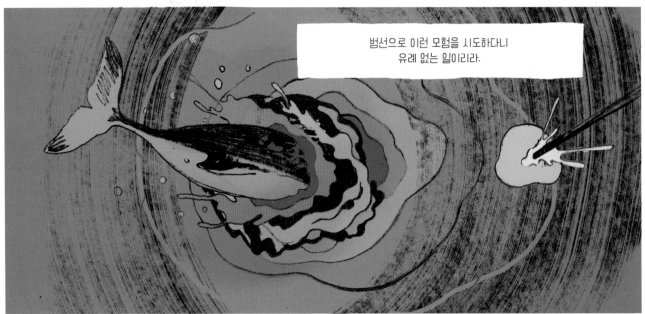

범선으로 이런 모험을 시도하다니
유례 없는 일이리라.

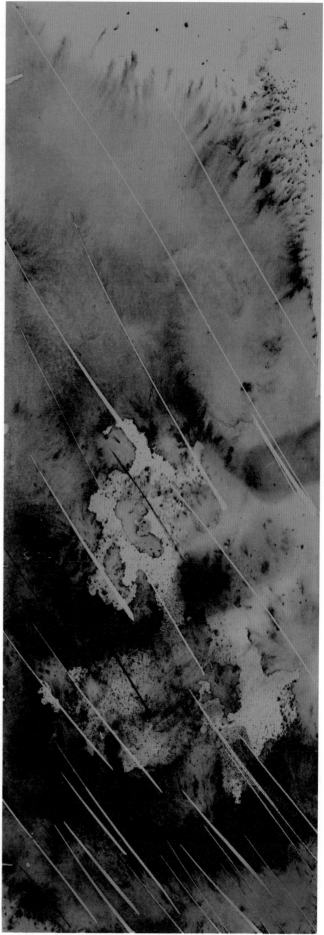

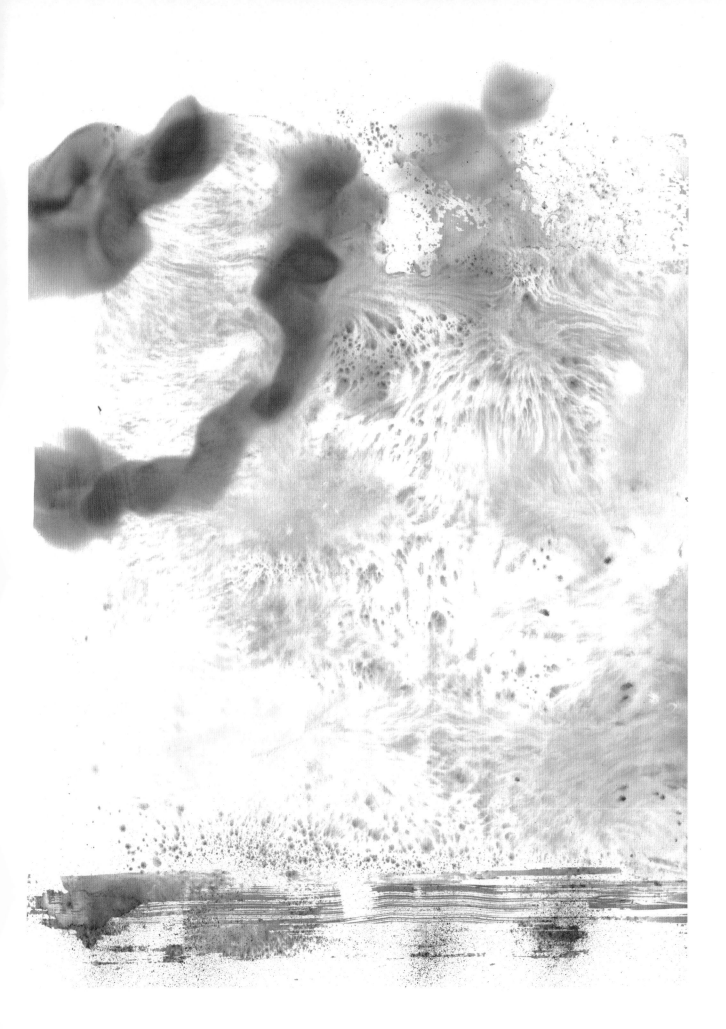

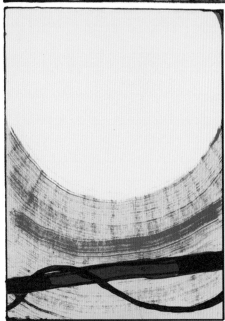

잭,
괜찮나?

무지막지한
폭풍우를 이겨냈네요…

저장고에
금이 갔어요!

물이 절반은
새버렸어요…

주변에 섬이
하나도 없군…
마르키즈 제도는
남위 9도에 있고…

우리는
북위 3도를
지나고 있어.

비를
기다려야
할 거야…

마틴 에덴*은 태어나서 처음으로 사회주의와 무정부주의,
비례세 이야기를 들어보았으며, 서로 대립하는 사회적 견해나
주의들이 존재한다는 걸 알게 되었다.

그는 사고 체계를 설명하는 수백 개의
전문용어들을 들었으나, 빈약한 독서 수준으로는
무슨 말인지 이해할 수 없었다.

* 마틴 에덴: 잭 런던의 소설 《마틴 에덴》의 주인공으로 런던의 또다른 자아.

73

그런 건
다 어디서
주워들었어?

칼 마르크스.
그 사람 얘기는
들어봤을걸?

아니
처음이야.

책을 읽어봐.
학교 교육을 못 받았으면
어려울 수도 있지만,
어쨌든 읽어봐. 친구.

난 상대 진영에서 도망쳐왔어. 거기도 돈이 나올 덴 없어…

우리 굶어 죽을 거야.

네 말이 맞아, 스터브.

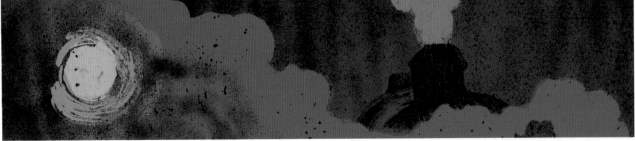

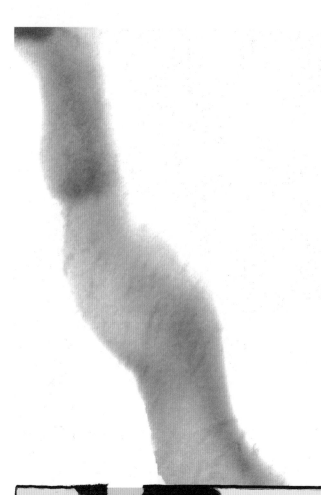

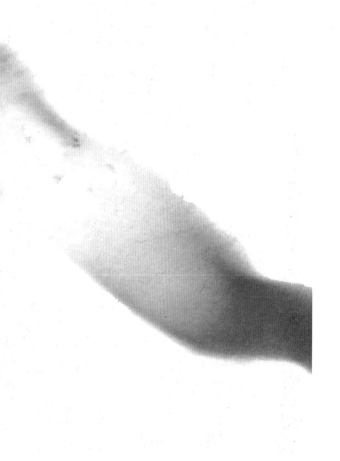

칼 마르크스를
아세요?

아버지랑
한바탕 했었지…

집에 돌아가지 않을 거라고
하니까 집에서 내쫓더군.

어머니는?

아!
어머니는 울고만 계셨어.
엄청나게 슬퍼하셨지.

허만,
근데 왜 어머니께
편지를 안 써?

너무 늦었어.
2년 전에
돌아가셨거든.

1894년 뉴욕

공산당 선언

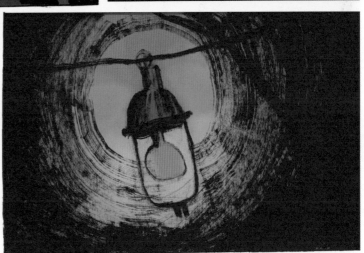

앞으로
얼마나 더
나와 살 거야?

그 꺼끌꺼끌한 수염을
안 자르면
더 못 살지도 몰라.

오!
저길 봐!
새야!

무슨 뜻인지
알지?

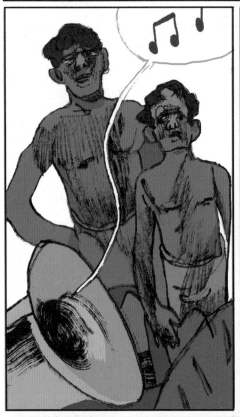

소리 나는
상자 안에 사람은
어디 있어요?

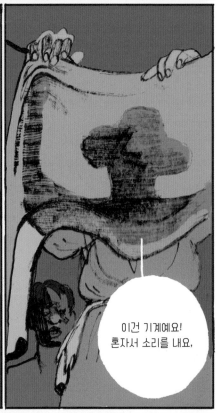

이건 기계예요!
혼자서 소리를 내요,

잭 런던

판사님,
피고를 부랑죄로
기소합니다.

1894년 나이아가라 카운티

결국!

30일 형에
처한다!

아무 의미도
없어!

입 닥쳐.

96

무슨 일이 있었게, 차미언!

몇 년 전에 샌프란시스코에서 어니스트와 마주쳤었거든!

그런데 여기서 다시 만났지 뭡니까!

기념주를 드려야겠네요?

짐은 제게 주세요! 항해도 이겨낸 억센 여자랍니다!

나는 하와이에서 쫓겨나 마르키즈 제도에 갔거든!

오, 권투를 하나, 잭?

나는 스탠포드에서 전투 수업을 가르쳤다고!

정말인가?

못 믿겠다는 건가?

퍽!

그만해요!

둘 다 만신창이가
됐잖아요!

퍼어억!!

나 참…
당신 진짜
바보예요.

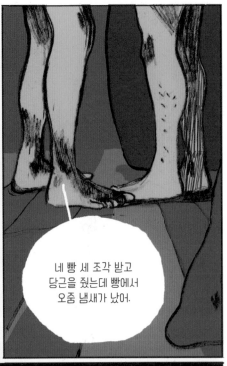

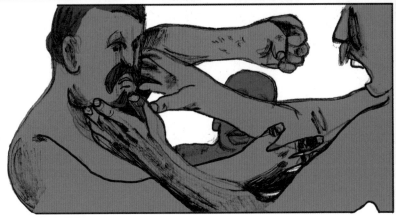

우리는 진정한 늑대들이었다, 내 말을 믿어도 좋다.
우리는 월스트리트에서 일을 하는 치들과 다르지 않았다.

우리는 자본주의 사회의 모방품에 지나지 않았다.

어딘가에서
길을 잃은 게 분명해.
우리가 표시한 자국이
보이지 않아.

최악은
여기서 잠을 자야
한다는 거지.

그거 알아, 잭,
식물은 바람을 맞으면
영양분을 흡수한다는군.

정말인가?

내가 하와이로 떠난 후
소식이 없다는 이유로
미국 신문들이 내 사망 소식을
실었네요!

내 은행 계좌가
막혔다는 소식도
…

그 문제를 해결하러
샌프란시코에서 들러야 해…

뭐라고?

그냥 잠깐
다녀오는 거야,
어니스트, 내 대신
선장을 맡아주겠나?

내 안에서 넘쳐흘렀던 것은 생명력이다,
내 혈관 속을 흐르는 모험에 대한 사랑은 결코 쉼을 허락하지 않았다.

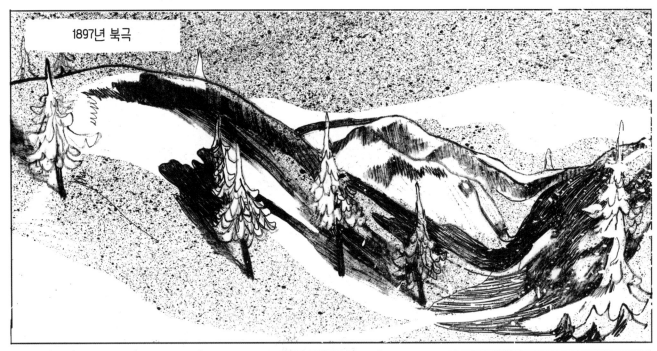

1897년 북극

딱딱한
암석이 나왔어!

이제
뭘 하면 되죠?

금이 묻혀 있는
땅을 오를 거야,
멍청아.

퉤!

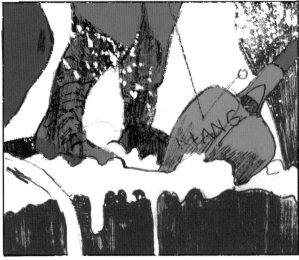

시내로
이걸 가져가게.

잭.
안 갈 건가?

판돈은 이쪽으로
신사분들, 이쪽!

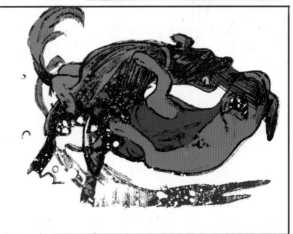
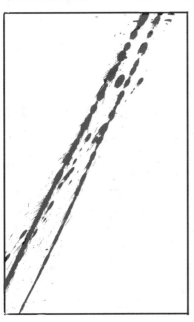

잭 런던
작가/광부
1898

눈
내리깔아!

실실거리면서
날 쳐다보지 말라고,
안 그러면…

아니면 뭐?
난 널 상대도
안 할 거야.

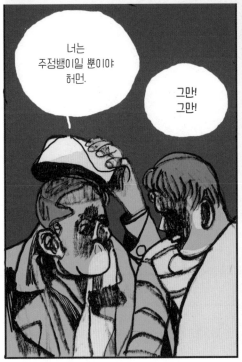

너도 꺼져.

당신과
해결하지 않고는
안 갈 겁니다.

무슨 걱정거리가
있으십니까?

서로
으르렁거리는
두 놈들을
관리해야 해요.

당신, 허먼이
진짜 떠났다고
믿는 거예요?

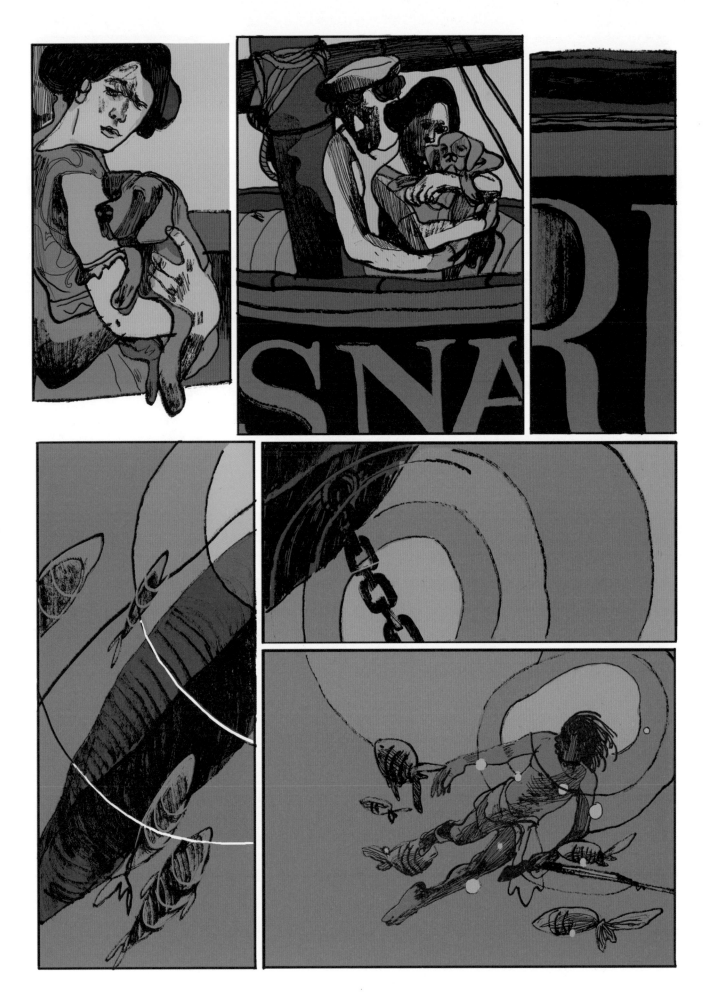

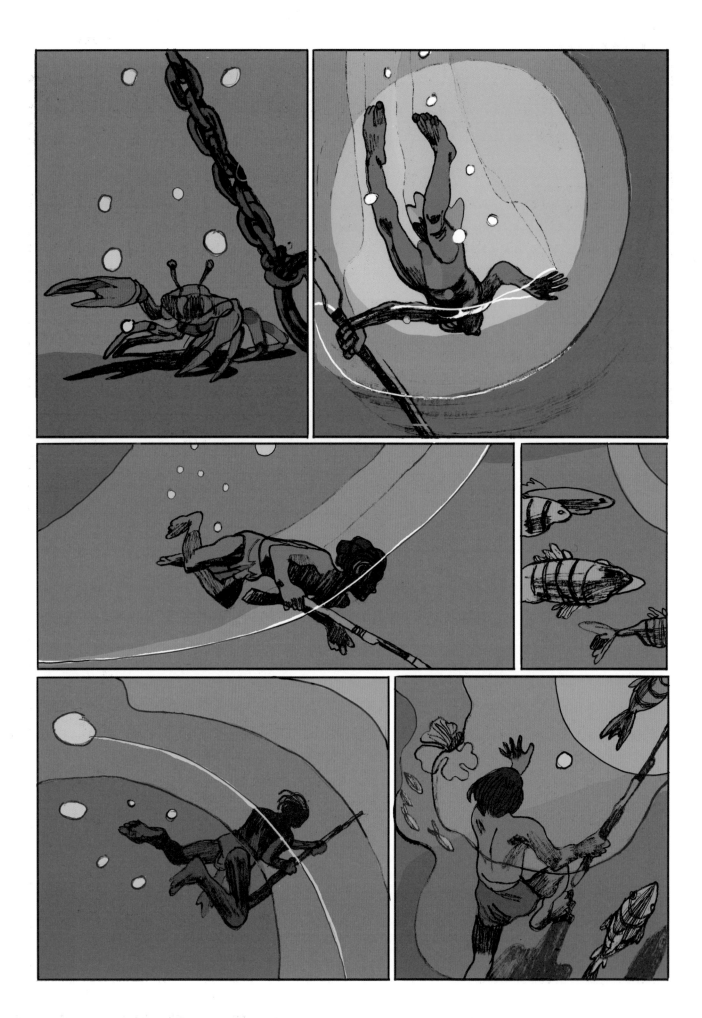

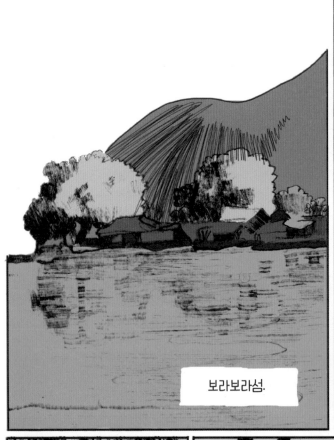

보라보라섬.

정말 친절한
사람들이에요…

그들과
사이좋게 지내야 해.

131

그들의 족장이
당신에게 미국은
건재한가 묻네요.

아… 1년 전
거의 이맘때
미국을 떠났거든요!

133

레졸루션 항
1908년 6월 12일.

우리 선장이
약속을 어겼어요,
술독에 빠져서…

135

가능하면
자주 찍습니다.
근사한 사진기에요.

이곳이
마음에 드세요?

그런 편이죠.
그런데 인디언들은
부지런하지가 못해요.
더 나은 삶을 살려는
의지가 없습니다.

그들은
원시적이에요.

인디언들은
살생을 좋아합니다.
우리도 몰래 죽이려고
하는 것 같아요.

그들은
또 다른 본성이
있는 것 같아요.

가난으로 인한
끔찍한 상황 앞에서
대학생들이 눈을 감고 있고 있습니다.
그들은 세계가 이미 이루어낸
가장 위대한 혁명 앞에서도
눈을 감고 있습니다!

여러분에게 말합니다.
인생의 가장 충만한 영광 속에서
모든 모험이라 불리는 대의명분이
여러분 앞에 있습니다!

눈을
뜨십시오!

정말 혁명이
곧 일어나리라고
믿습니까?

그렇소. 러시아는
막 봉기를 일으켰습니다.
민중은 신호를 보내고 있습니다.
믿으세요.

여기까지요?

이곳과 또 다른 곳으로요.
자본주의자들은
오래 지속할 힘이 없어요.
누구 이름으로 사인할까요?

매튜입니다.

당신들 중
누가 잭 런던이죠?

와렌 선장한테
말하는 게 나을 거요.
잭 런던은 사람들을
증오해요.

찰스 로버츠,
영국에서 왔습니다.

천천히 합시다.
우리 방금 도착했는데,
당신은 계속
들러붙어 말하는군.

저는 당신 팬입니다.
당신 책은 전부 읽었어요.
인터뷰를 하고 싶은데요…

그보다…
아는 호텔 있소?

솔직히 항해술은
충분히 쉬운 기술 아닌가요.

외국에 공부하러
나가고 싶은데
시간이 없네요.

필요한 비용을
충당하기 위해 매일같이
글을 써야 합니다.

부르주아에 맞서는 공격을
다룬 소설을 방금 끝냈습니다.

제목이 뭔가요?

《마틴 에덴》

새 친구들을
사귈 마음은
없는 겁니까?

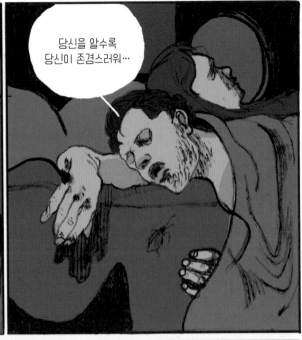

주방장이
자살을 시도했어요!

친구들,
선착장이 보이면
거기서 몇 주 머무를 거야.
우리 모두 기력을
회복해야 해.

난 밤새
경련에 시달렸어요…

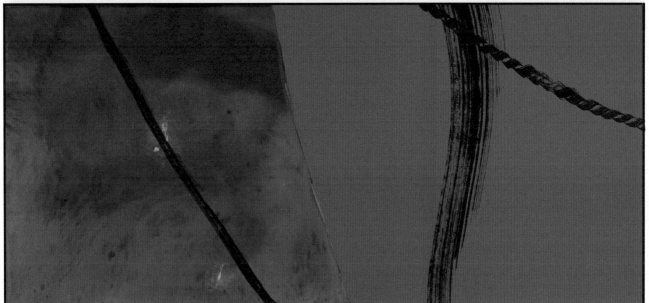

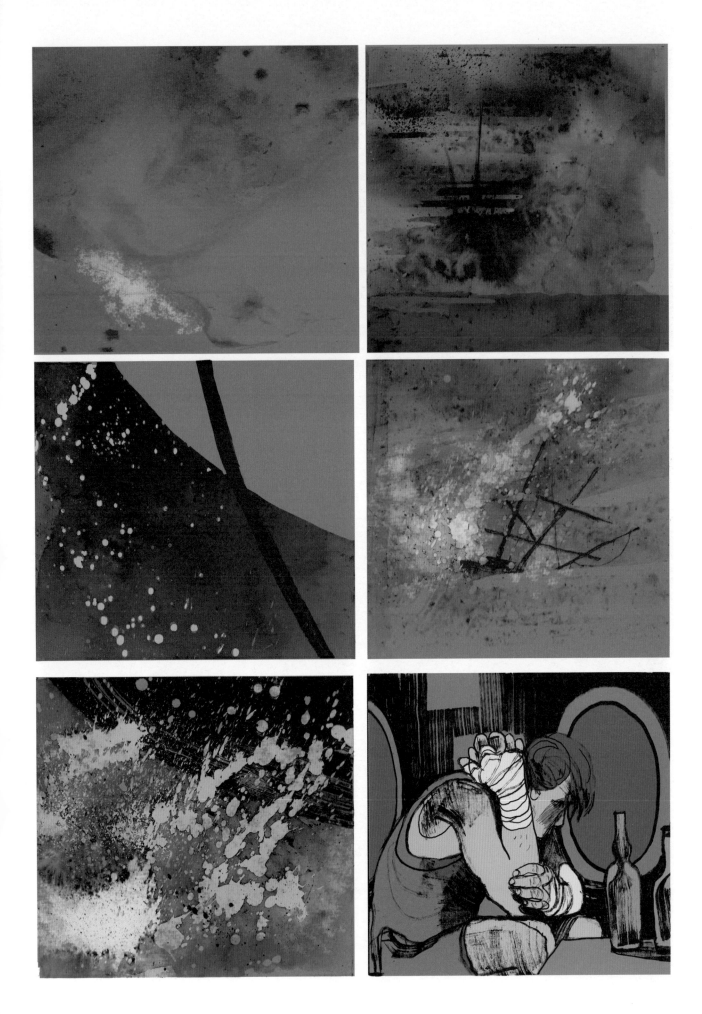

우리의 여행에 대한 마지막 한 마디.
무척이나 감미로운 여행이었다고 확신한다.

| 글·그림 |

코자KOZA 시나리오 작가 막시밀리앵 르 루아는 아티스트 나티브와 함께 '코자'라는 이름으로 이 책을 냈다. 막시밀리앵 르 루아는 1985년 파리에서 태어나 2009년 리옹의 노숙인을 다룬 《호즈니》를 출간하며 작품 활동을 시작했다. 그는 네 차례 팔레스타인을 여행한 경험을 바탕으로 2009년 《가자 지구》, 2010년 《질러가는 길》과 《벽 쌓기》, 2013년 《팔레스타인은 어떤 상황인가》라는 문제작을 내놓았다. 2012년 출간된 《밤이면 자유가 우리의 소리를 듣는다》는 인도차이나 전쟁 당시 베트민(베트남 독립동맹)에 합류하려고 탈주병이 된 프랑스 병사 이야기다. 이 작품은 앙굴렘 국제 만화 페스티벌의 공식 경쟁 부문에 선정되었으나, 르 루아는 자신의 블로그에서 창작물은 경쟁의 대상이 되어서는 안 된다고 밝혔다. 2014년, 팔레스타인 대의명분에 대한 일관된 지지를 밝혔다는 이유로 그는 10년간 이스라엘 영토 내(팔레스타인 포함) 출입금지를 당했다. 비정기적으로 라부아트아빌 출판사의 르포 시리즈 '카르네'의 공동 작업에 참여하고 있다.

| 채색 |

마야 미앵두Maya Mihindou 마야 미앵두는 1984년 가봉에서 태어나 현재 파리에 살고 있다. 2008년부터 일러스트레이터로 활동하며 파리, 도쿄 디자인 페스타, 로마 페스티벌 등에 정기적으로 작품을 출품하고 있다. 다수의 만화책 작업에 참여했으며, 2011년 데뷔작 《사빈》이 솔레이 출판사에서 출간되었다.

| 옮긴이 |

김미정 이화여자대학교 불문학과와 이화여자대학교 통역번역대학원 한불번역학과를 졸업했다. 출판사에서 편집자로 일하다, 현재는 번역가로 활동 중이다. 옮긴 책으로 《파리의 심리학 카페》《라루스 청소년 미술사》《잠자는 숲속의 공주를 찾아서》《재혼의 심리학》《알레나의 채소밭》《기쁨》《고양이가 사랑한 파리》《미니멀리즘》《페미니즘》《스탈린의 죽음》《세상에서 가장 먼 학교 가는 길》등이 있다.